5492
M.H.

9925

LA NAVIGATION.

ODE

QUI A REMPORTÉ LE PRIX
de l'Académie Françoise, en 1773.

Par M. DE LA HARPE.

Nil mortalibus arduum est. (HOR.)

A PARIS,
Chez J. B. BRUNET, Imprimeur-Libraire de l'Académie
Françoise, & DEMONVILLE, Libraire, rue S. Severin,
vis-à-vis celle de Zacharie, aux Armes de Dombes.

M. DCC. LXXIII.

LA NAVIGATION.
ODE.

SI l'Homme a paru grand, si le Fils de la terre
Aux Élémens armés osant livrer la guerre,
Par un sublime effort se rapprocha des Dieux,
C'est alors qu'il soumit à son heureuse audace
     Cet effroyable espace,
Cet Empire des Mers que lui fermoient les Cieux.

De Neptune & d'Éole ignorant le caprice,
 C'est dans le creux d'un Pin que Nautonier novice,
Il essaya les flots qui devoient le porter ;
Mais quand le Ciel plus sombre annonçoit un orage,
     Regagnant le rivage,
Il embrassoit les bords qu'il venoit de quitter.

Bientôt il ose plus ; sa course est moins craintive:
Instruit par le succès, & dédaignant la rive,
Il met entr'elle & lui les vastes champs des Mers;
Il enferme les vents dans les plis de ses voiles ;
   Il lit dans les Étoiles :
Du monde aux Nations les chemins sont ouverts.

Comment l'Homme a-t-il pu, dans cet espace im-
   mense,
Et diriger sa route, & marquer la distance,
Lorsque la Terre échappe à l'œil épouvanté !
O prodige ! ô grandeur ! ô Mortels intrépides !
   Qui vous donna des guides
Sur l'Élément nouveau que vous avez dompté ?

C'est toi qui les conduis, ô Muse protectrice!
Uranie, au Nocher Divinité propice !
Tes augustes secrets sont ouverts à ses yeux;
Vous qu'atteint son regard sur la voûte étoilée,
   Astres de Galilée (1),
Vous éclairez sa route écrite dans les Cieux.

---

(1) Les Satellites de Jupiter découverts par Galilée.

Ne vantez plus, ô Grecs! vos courses trop fameuses,
Du Phase & d'Iolcos les rives fabuleuses,
Cent demi-Dieux armés pour ravir la Toison;
Ce Vaisseau de Pallas, qui de la Propontide
    Aux bords de la Colchide
Porta tous ces Héros qui suivirent Jason.

Tandis que l'Océan, qu'ont adoré vos Pères,
De ses humides bras pressoit deux Hémisphères,
Peuples vains, l'un des deux n'existoit point pour
    vous ;
Et ces immenses Eaux, baignant l'Inde & l'Afrique,
    Et la Mer du Mexique,
N'ont eu d'autres vainqueurs, d'autres maîtres que
    nous.

C'est trop, Chantre d'Ulysse, admirer l'industrie
Qui l'égara dix ans autour de sa Patrie :
Renais pour des Héros plus dignes de tes vers.
Ulysse cherche Itaque, & nous cherchons des mon-
    des ;
    Il erroit sur les ondes,
Et l'Aiman conducteur nous ouvre l'Univers.

Mais que dis-je ? Ah ! tremblez, Mortels, que rien n'arrête,
Vos Vaisseaux menacés roulent sous la tempête,
Et la nuit des Enfers se répand sur les flots ;
Le Vent frappe & tourmente au gré de ses caprices
      Vos frèles Édifices
Entre les feux du Ciel & le gouffre des Eaux.

Entendez le fracas du Tonnerre & des Ondes,
Le cri des Aquilons, le bruit des Mers profondes.
Que la Nature est grande en son auguste horreur !...
Quel spectacle à mes yeux est encor plus sublime !
      L'Homme, qui sur l'abyme,
Combat les Élémens, & dompte leur fureur.

Le Pilote est tranquille, & d'une main savante
Il enchaîne des Vents la rage obéissante,
Tour-à-tour la dirige ou l'élude à son gré ;
Il trompe les écueils, repousse le naufrage,
      Et porté par l'Orage,
Insulte à l'Océan dont il est entouré,

Mais combien de fléaux balancent tant de gloire!
Que l'Homme a payé cher sa superbe victoire!
De combien de périls il vogue environné!
Que de maux à souffrir, de besoins à contraindre,
      Que de trépas à craindre,
Assiégent le Mortel aux Mers abandonné!

Ici le flot trompeur, introduit pour sa perte,
Affaisse sourdement sa demeure entr'ouverte (2).
Où fuir! infortunés! elle cède au fardeau;
Dans l'horreur du trépas, que leurs efforts prolon-
    gent,
      Lentement ils se plongent,
Et descendent vivans au fond de leur tombeau.

Là le Feu, plus cruel & plus terrible encore,
Parcourt, en pétillant, le Vaisseau qu'il dévore;
Cent bras, pour l'arrêter, ont fait un vain effort;
Je vois ces malheureux, sans espoir, sans asiles,
      Et d'horreur immobiles,
Entre deux Élémens qui présentent la mort.

---

(2) Les voies d'Eau.

Quoi! malgré ces fléaux, en butte à leur furie,
L'Homme a pu, renonçant à sa douce Patrie,
Parcourir sur les flots le cercle des Saisons!
Et contemplant des Mers l'uniforme étendue,
      Dérober à sa vue,
Et l'aspect du Printemps & l'espoir des Moissons!

Hélas! il présageoit les maux qui nous punissent,
Ce Chantre renommé, que les Muses chérissent,
Qui de *Gama* jadis célébra les travaux.... (3).
Muse, interromps tes chants, écoute, & rends hommage
      Au Virgile du Tage;
C'est à lui de chanter les Dieux & les Héros.

» Ce hardi Portugais, *Gama*, dont le courage
» D'un nouvel Océan nous ouvrit le passage,
» De l'Afrique déja voyoit fuir les rochers;
» Un fantôme, du sein de ces Mers inconnues,
      » S'élevant jusqu'aux nues,
» D'un prodige sinistre effraya les Nochers.

---

(3) Voyez la *Lusiade du Camoëns*.

»Il étendoit son bras sur l'Élément terrible;
»Des nuages affreux chargeoient son front horrible,
»Autour de lui grondoient le Tonnerre & les Vents;
»Il ébranla d'un cri les demeures profondes,
   »Et sa voix sur les Ondes,
»Fit retentir au loin ces funestes accens.

»Arrête (disoit-il) arrête, Peuple impie;
»Reconnois de ces bords le souverain Génie,
»Le Dieu de l'Océan, dont tu foules les flots.
»Crois-tu qu'impunément, ô race sacrilége!
   »Ta fureur qui m'assiége
»Ait sillonné ces Mers qu'ignoroient tes Vaisseaux?

«Tremble, tu vas porter ton audace profane
»Aux Rives de Mélinde, aux bords de Taprobane,
»Qu'en vain si loin de toi placèrent les Destins:
»Vingt Peuples t'y suivront; mais ce nouvel Empire
   »Où tu vas les conduire,
»N'est qu'un tombeau de plus creusé pour les hu-
»mains.

» J'entends des cris de guerre au milieu des nau-
» frages,
» Et les fons de l'airain fe mêlant aux orages,
» Et les foudres de l'Homme aux tonnerres des
» Cieux.
» Les vainqueurs, les vaincus deviendront mes vic-
» times :
» Au fond de mes abymes
» Leurs coupables tréfors defcendront avec eux.

» Il dit, & fe courbant fur les Eaux écumantes,
» Il fe plongea foudain dans ces roches bruyantes,
» Où le flot va fe perdre, & mugit renfermé.
» L'air parut s'embrafer, & le roc fe diffoudre,
» Et les traits de la foudre
» Éclatèrent trois fois fur l'écueil enflammé.

Mufe, entends ces leçons à toi-même adreffées ;
Frémis de ces horreurs à tes yeux retracées,
Qui fouillent ce que l'Homme a tenté de plus grand.
Vois la honte par-tout à tant de gloire unie,
Et le crime au génie,
L'audace d'un Héros aux fureurs d'un Tyran.

Regarde les effets de cet Art que tu vantes ;
Vois de ces grands travaux, de ces courses sa-
vantes,
Au Mexique, à Lima les affreux monumens.
Peux-tu, des Nations quand les ombres plaintives
S'élèvent sur ces rives,
Mêler des chants de gloire à leurs gémissemens ?

Vois le noir Africain, succombant sous les chaînes ;
Descends, va pénétrer ces prisons souterraines,
Ces cachots de Plutus, dans le Potose ouverts ;
Sépulcres des vivans, creusés pour leur supplice
Des mains de l'Avarice,
Où l'Homme enchaîne l'Homme aux voûtes des
Enfers.

L'Humanité t'implore ; expose ces images
Aux Tyrans endurcis qui lui font ces outrages,
Et fais entendre encor la voix de ses douleurs.
Redis tous leurs forfaits ; que leurs fronts en rougis-
sent,
Que leurs cœurs en frémissent :
Et tu les chanteras, quand ils seront meilleurs.

Mais qu'entends-je? Est-il vrai? Dignes de tes hommages,

(4) Des Mortels généreux, à des Hordes sauvages,
Portant des Arts nouveaux, présent d'un Peuple ami,
Défendent, en touchant la rive hospitalière,
  Que la foudre guerrière,
Au lieu d'un bienfaiteur, annonce un ennemi.

L'Anglois voit s'éloigner des peuplades craintives;
Sa bonté les rappelle, & sa main sur leurs rives

---

(4) Dans les derniers Voyages Maritimes, entrepris pour la découverte de nouvelles Terres, les Commandans François & Anglois ont traité les Peuples Sauvages avec tous les égards possibles. Lisez le Voyage de M. de Bougainville, & celui du Capitaine Wallis. Ce dernier découvrit, en 1767, dans la Mer du Sud, une petite Isle qu'il nomma l'*Isle de la Reine Charlotte*. A son approche, les Naturels de l'Isle se jetèrent dans leurs Pirogues, & s'enfuirent dans une Isle voisine. Le Capitaine Wallis, ayant descendu à terre pour y prendre des rafraîchissemens, laissa sur la plage, en la quittant, des instrumens utiles, & quelques bijoux, *comme un présent qu'il faisoit aux Habitans, pour les dédommager de l'incommodité & de l'inquiétude qu'il avoit pu leur causer.*

Des Talens de l'Europe expose les essais;
Ces heureux instrumens de tous les Arts utiles
   Cultivés dans nos Villes,
Enfans de l'Industrie, & gages de la paix.

Ils seront expiés, nos funestes ravages;
Nous n'irons plus porter sur de lointains rivages
Nos vices oppresseurs, nos coupables abus;
Et du Navigateur l'activité prospère
   Étendra sur la terre
Le commerce des Arts, & celui des Vertus.

Bientôt, en abordant des Plages étrangères,
L'Européen dira : je viens chercher des frères;
Ah! c'est pour nous chérir qu'il faut nous rassembler.
Je viens à vous, Mortels, que la main du grand Être,
   Comme nous a fait naître
Pour l'adorer ensemble, & pour lui ressembler.

L'Homme parcourt ce globe ouvert à son audace,
Domaine dont ses yeux ont mesuré l'espace,
Ce Palais des Humains qu'embellit leur Auteur.
Il fait par ses travaux, du séjour qu'il habite,
   Reculer la limite :
Il saura quelque jour y trouver le bonheur.

Oui, sans doute, à travers les maux & l'ignorance,
Le Monde lentement vers le bonheur s'avance.
Ce consolant espoir seroit-il une erreur?
C'est la dernière au moins du songe de la vie;
  C'est une erreur chérie,
Que le Sage en mourant emporte au fond du cœur.

F I N.

www.ingramcontent.com/pod-product-compliance
Lightning Source LLC
Chambersburg PA
CBHW060600050426
42451CB00011B/2003